FANTASIA

-FAIRY TAIL ILLUSTRATIONS-

真島ヒロ

講談社

231
FARTHEST

コロ
コロ
ピキッ
コロコロ
スッ
コロコロ
ウルティアよ
会議中に遊ぶのはやめなさい
だってヒマなんですもの
ね？ジークレイン様

おーー
ヒマだねえ
誰か問題でも起こしてくんねーかな
つ・・慎みたまえ!!
何でこんな若造どもが評議員になれたんじゃ!!
魔力が高ェからさじじい
ぬぅ〜〜〜!!!
これ・・・双方黙らぬか
魔法界は常に問題が山積みなのじゃ
中でも早めに手を打ちたい問題は・・・
妖精の尻尾のバカ共じゃ

JOKER
END

FAIRYTAIL

FAIRY TAIL

Christmas 4u

50th
Anniversary!!

X784

FAIRY TAIL

FAIRY TAIL

FAIRY TAIL

Here we go!!!
Aye!!
Come and get me!!!
FAIRY TAIL

Sagittarius
Virgo

The3rd

GREAT HIT
FAIRITAIL
COVER
MENU
YES!!

SEA...

Heart Kreuz

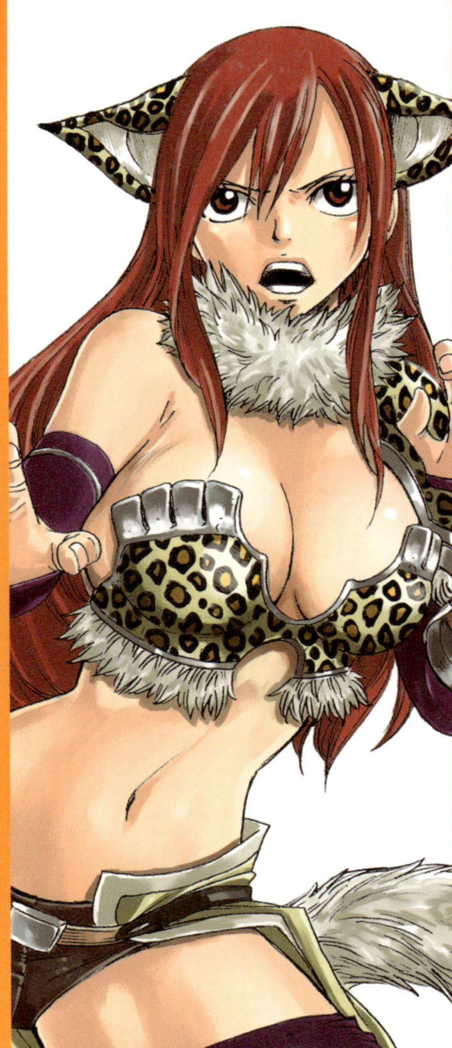

AROMA

ICE
SHOWER

FAIRY TAIL

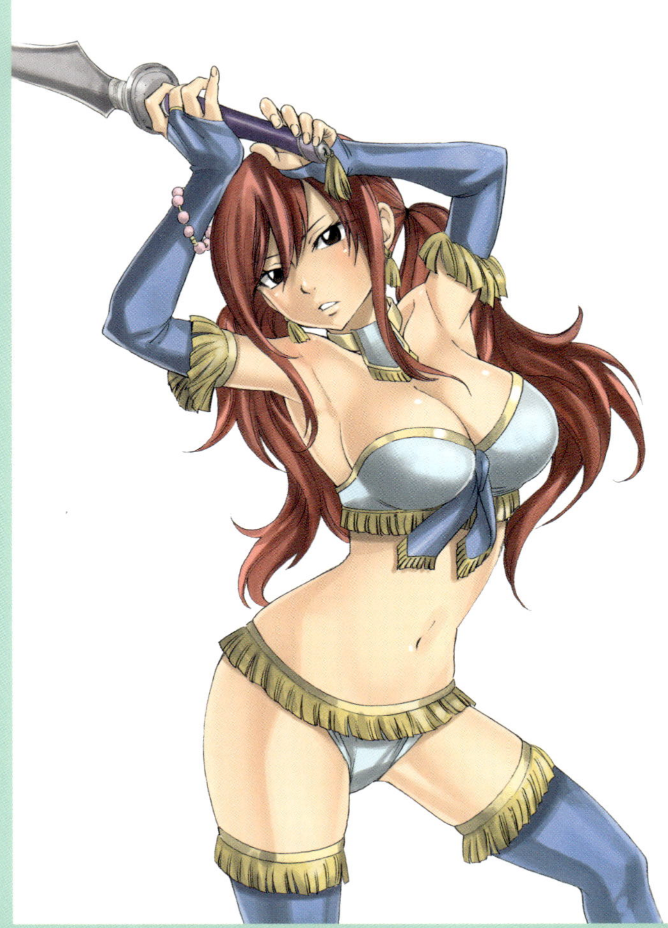

うぇんでぃ

cover illustration making

真島流カラーイラストテクニック大公開!!

手描きの作業

1 イラストのアイデアを決める

構図やデザインなど、何枚かラフを描きます。イラストによっては、この作業をカットする場合もあります。

2 ラフをトレースして線画を作る

下描きが終わったらトレース台を使って線画を描きます。使ってるのはHB0.5の普通のシャーペン。絵によってはインクでペン入れする場合もあります。今回はシャーペン。

注）スキャナー　絵や写真などをPCに取り込む機械。

注）グレースケール　白から黒までの256階調の色をひろってくれるので、ペンや鉛筆のちょっとしたカスレなんかも取り込んでくれます。

注）解像度　難しいから覚える必要はないかも。僕も詳しくは知りません。カラー350、モノクロ600って覚えてる。

3 線画をPCに取り込む

線画（ペン入れ）が終わったらPCにスキャナーを使ってグレースケールで取り込みます。この時の解像度は350です。使用用途にもよりますが、このくらいのサイズのカラーの解像度は一般的に300～400くらいと言われてます。ちなみにモノクロ原稿は600と決まっているようです。

ここからはPCの作業

4 明るさ・コントラスト調整

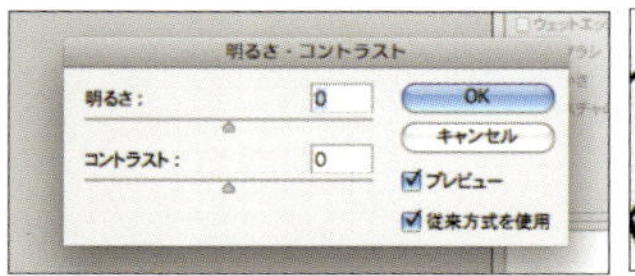

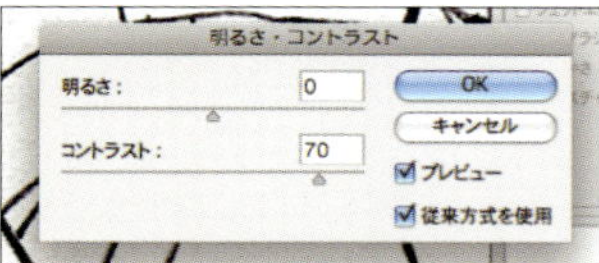

ここからはPhotoshop（以下PS）というソフトでの作業です。PCに取り込んだ画像の線画は薄いので（うちだけ？）線を濃くします。

5 モード変更

イメージ>モード>CMYKカラーに変更。コレは単に印刷の仕上がりに近い色味で作業できるからです。

6 ごみ取り

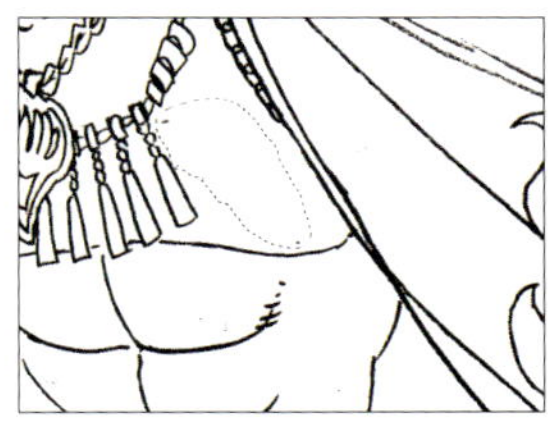

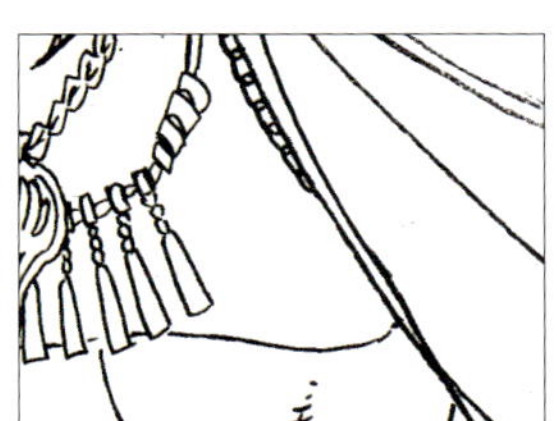

ここが一番めんどくさいのですが、紙やスキャナーについていた汚れをとっていきます。

7 色塗り準備

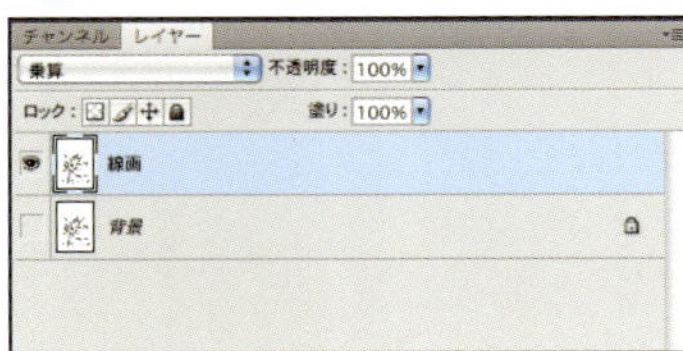

色で線画を潰してしまわないように線画だけ抽出します。さっきの線画をコピーして、線画レイヤーを作ります。モードは乗算です。さっきまでの線画は動かせない（うちだけ？）ので、めんどくさいから見えないようにしておきます。

注）レイヤー　アニメのセル画のような透明フィルムを、何層も重ねて作業できるしくみ。PCでの色塗りはこのレイヤーを使い分けて塗ると便利です。

注）乗算　意味までは知らないけど、線画レイヤーを一番上にもってきて、モードを乗算にすることで、線画より下にあるレイヤーの影響を受けない線画になるのです。つまり下のレイヤーで色を塗っても、線画は常に見えている状態で作業ができます。

8 ブラシの選択

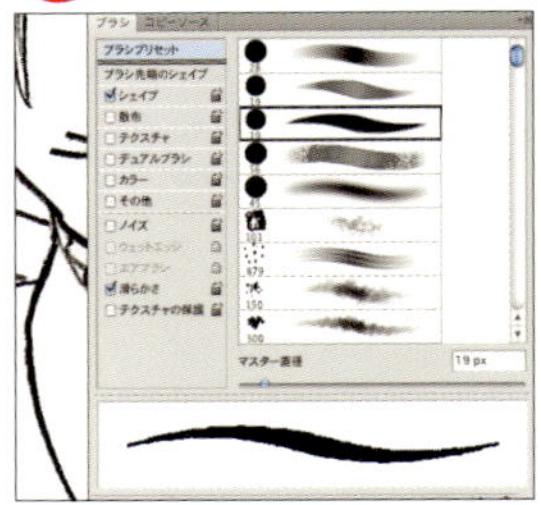

ブラシはたくさんあるのですが、主に使ってるのは３種類くらい。絵によって使うブラシの種類が増えたりもします。PS のブラシもカスタム次第では面白いブラシになるので楽しいです。

9 肌の色付け

先ほどの線画レイヤー（乗算）の下に「肌色を塗るレイヤー」を作ります。肌色はそこに塗っていきます。この段階では陰影はつけず、単色でズバっと塗っていきます。

10 髪の毛の色付け

肌の色塗りが終わったら、同じように「髪の毛を塗るレイヤー」を作って、髪の毛を塗っていきます。肌同様、陰影は入れません。

11 各パーツごとの色付け

肌や髪のように服やアクセサリーなど各パーツごとにレイヤーを作って、同じように色付けをします。

12 色の仮塗り完成

ひとまず全体的な色付けは終わりました。後でいくらでも色を変えられるのがPC の強みなので、この時点では色味をあまり気にしません。

13 肌の陰影を付ける 1

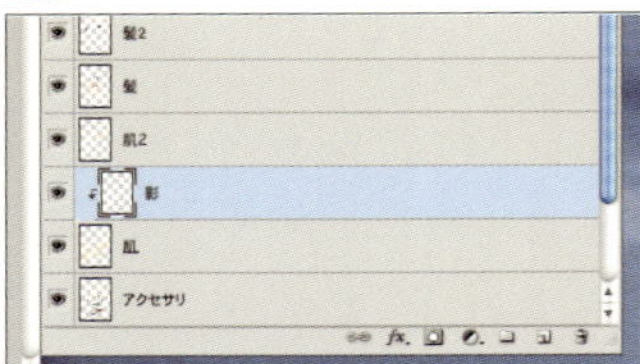

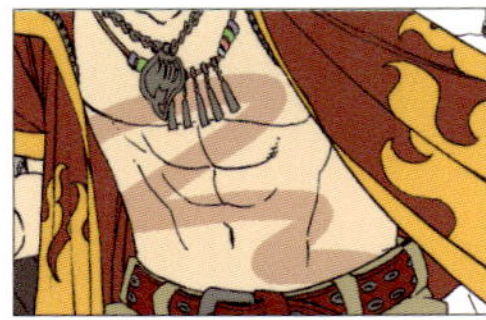

肌の陰影を入れるにあたって､「肌レイヤー」の上に「肌の影レイヤー」を作ります。この「肌の影レイヤー」をクリッピングマスクにすることで、「肌レイヤー」に塗られている色（つまり肌色）の上にしか色が入らないレイヤーができます。非常に便利です。

注）クリッピングマスク　言葉の意味はわからないけど、下のレイヤーに入っている色の上にしか色が塗れなくなる。これによって、はみ出さずに色を付ける事ができる。日本の国旗を思い出してほしい。白い部分がレイヤー１、赤い部分がレイヤー２だとします。レイヤー２のクリッピングマスクを作る事で日の丸の赤い部分だけに色を塗ったりできるのだ。レイヤー２のクリッピングマスク上では白い部分には全く何も描けなくなります。

14 ブラシの選択

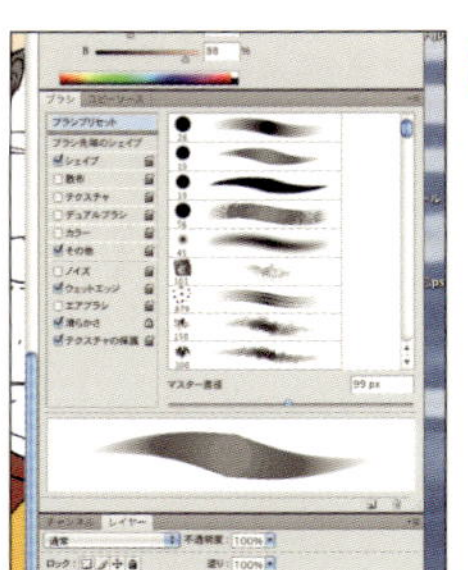

陰影を付ける時は、主にこんなブラシを使ってます。（ブラシの不透明度 40%～ 60 %、濃度は常に 100%）

15 肌の陰影を付ける 2

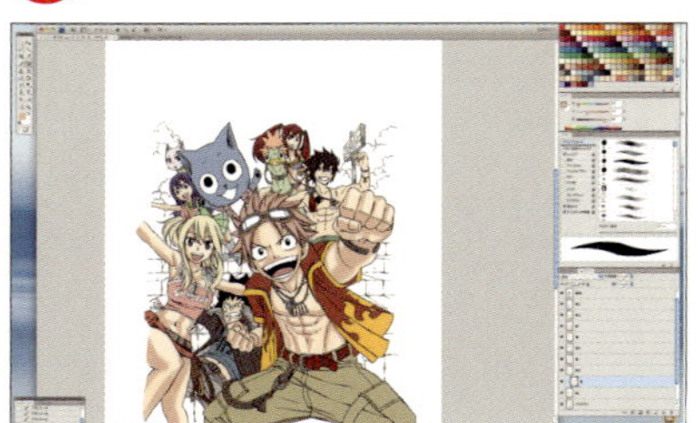

僕の場合は、初めに大雑把に影を作り、後からハイライトや中間色を調整していきます。ほぼ「影レイヤー」１枚でやってしまうのですが、人によっては影、ハイライト、テカリ、赤み、などレイヤーをわけて塗る人もいます。

肌完成!!

16 髪の毛の陰影を付ける

肌と同じように「髪の毛レイヤー」の上に「髪の影レイヤー」（クリッピングマスク）を作ります。そしてガリガリ陰影を付けます。

髪の毛の陰影完成!!

猫完成!!

17 服の陰影を付ける

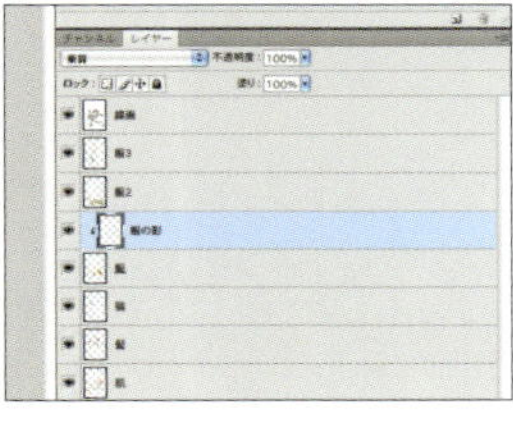

18 服の陰影を付ける

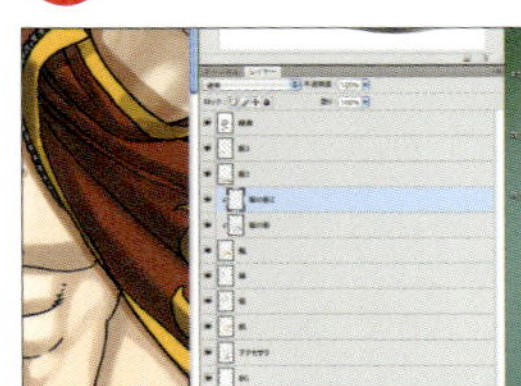

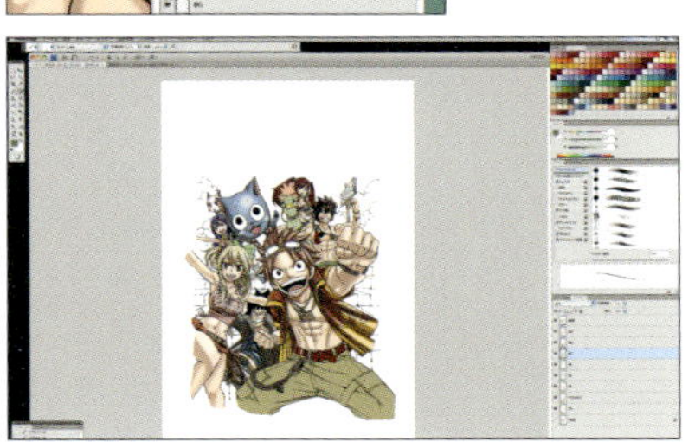

肌や髪の毛と同じ要領で服にも陰影を付けます。⑰はレイヤーを乗算にすることで、模様や色の境界線を一気に「影の色」で塗ってます。ナツの服のように赤とオレンジで色が分かれてるところに灰色を塗ると本来なら赤もオレンジもまとめて灰色になってしまいます。乗算だと赤の上に塗った灰色はちょっと暗い赤に、オレンジはちょっと暗いオレンジになるのです。
⑱はさらに影レイヤーを追加してハイライトなどの調整をしています。

19 ハイライトを入れる

全体的なハイライト（一番明るいところ）を入れます。

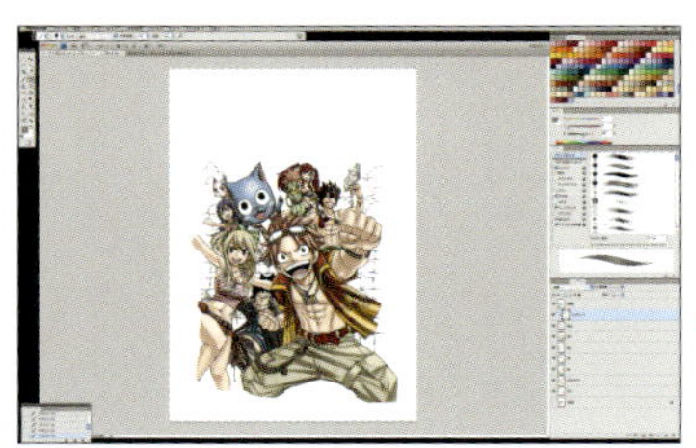

20 背景の色塗り

あとは背景をガシガシ塗っていくだけです。だいたい人物を描いて満足してる事が多いので、ここはスピーディに終わらせようとしています。

21 色調補正

ほぼ全ての色付けが終わったら、最後に色調補正をします。これはPCならではの機能で、細かく色味を調整する事ができます。例えば肌色が黄色すぎるな‥と思ったら赤っぽくできたりしちゃうのです。今回は特に色調補正はしませんでした。

完成!!!

絵にもよるんだけど、ここまでの全行程で7時間くらいかかりました。遅いか早いかはわかりませんが、個人的にはもう少しスピードアップしたいところです。なにはともあれ、完成です。

line drawing

Heart Kreuz

Interview

「真島ヒロ、絵について語る」

——まずは真島先生のイラストに対する、こだわりのポイントについて教えてください。

真島：僕は「FAIRY TAIL」(以下FT)の連載に入ってから、ずっとパソコン(以下PC)を使ってるんですけど、なるべく〈手描き〉に見えるように気を遣っています。もちろん手描きじゃないのはバレちゃうんですけど、それでもなるべく手描きに見えるように意識してやってます。今んとこ少年ライバルの元編集長と、週マガの編集長、二人ともダマしてますから(笑)。

——手描きだと思われてるという事ですか?

真島：以前、その少年ライバルの元編集長が、新人作家に「手描きなら真島くんの原稿を見習いなさい」って言ってた事があったらしいです。「手描きでもこんなふうに塗れるから、真島くんは」って。まあ、あんまりちゃんと見てないだけなのかもしれないんですけど(笑)。でも、そういうふうに思ってもらえるのはすごく嬉しいですね。だからPCで塗ってはいても、デジタルデジタルした絵よりは、手塗りっぽい感じが出るといいなと思ってやってます。

——PCの前にカラーを塗っていた画材は何ですか?

真島：コピックですね。

——使われていたのは「RAVE」の連載中ですか?

真島：はい。最初のほうはコピックでしたね。でもコピックで塗っていて自分の限界を感じたので、デジタル(PCでの作業の事)にしようかなって、手探りで少しずつ移行しました。始めの頃はすごいPCの性能に頼った絵になっちゃうんですよ。「グラデーション使ってみよう」ってやってみたりとかね。

——コピックではできなかった事がやれる楽しさがありますよね。

真島：そうそう。でも、デジタルに特化しすぎた絵にしちゃうと、ハデハデなのに、なんか薄っぺらい感じになっちゃうんですよね。いかにも「コンピューターグラフィックスです」みたいな。それをやめたいんだけど、周りに教えてくれる人もいなかったんで、自分で試行錯誤して。

——全部自己流で学ばれたんですか?

真島：はい。今でも研究してる最中なんです。

——コピックで限界を感じたというのは、具体的にはどんな事でしょうか?

真島：広い範囲が塗れない事ですね。色ムラが出ても、それを味とする場合もあるんですけど、単純に広いところだけ塗りたい時、コピックだと難しくて。それで「広いとこ塗るのはPCしかないな」と思って始めたんです。でもコピックは今でも好きな画材なので、PCでコピックと同じ色が出せるソフトがあったら買っちゃいますね。らくがきとかでは未だにコピックを使ってます。

——PCでの塗りは研究中との事ですが、具体的にはどんなふうに研究されているんでしょうか?

真島：上手な人のイラストで「これどうやって塗ってんのかな?」って気になるやつを見ながら、実際に自分もそういうふうに塗ってみたりしています。でも難しいですね、奥が深いです。あとデジタルって、いくらでも修正がきくんで、時間をかけられるだけかけちゃうんですよ。アナログ(手作業の事)だったら、ちょっとはみ出しても修正のしようがないから「ま、いっか」で、そのまま続けて塗るんです。だけどデジタルだといくらでも直せちゃうんで、こだわったら止まんないです。ずーっと色を直してます。

——一枚の絵を塗る時間は、かなりかかりますか?

真島：コピックに比べたらすごくかかりますね。デジタルでやると、平気で6時間、7時間かかるかもしれないです。コピックだったら2~3時間で終わるようなものを、1日中かかったりだとか。

——そもそも塗る作業というのは楽しいものなんでしょうか?

真島：楽しいですよ。色塗るのは、すんごい楽しいです。

——このキャラが塗っていて面白いというのはあったりしますか?

真島：うーん…そうですね。やっぱルーシィかなぁ。ルーシィを描く時は毎回、肌をどうやってキレイに見せようか研究してる気がしますね。あ、でもナツも好きかな。筋肉を描くのも好きなんですよ。肌全般の色を塗るのがすごく好きなんでしょうね。あ、グレイもかな? 肌と言えばグレイですからね(笑)。でも、うーん…肌以外の工程も好きではあるんですよ。「今回は肌の研究をしてるから、髪の毛はいつも通りの塗り方にしようかな」とか思うんだけど、それでもやっぱ髪の毛塗ってると新しい塗り方を思いついちゃったりして、それもやってみようと思ったり。

——つねに研究中なんですね。最初はまずどこから塗り始めますか?

真島：肌からですね。次に髪の毛。肌や髪の毛みたいに、そのキャラで動かせない色ってあるんですよ。そこを最初に塗って、あとはバランスを見ながら服の色とかを決めていきます。

——男性キャラと女性キャラに、塗り方の違いがあったりはするんでしょうか? 女の子はかわいく…みたいな。

真島：うーん…それはもう、研究中ですよ。ホントに、誰か上手な人に教えてほしいです。

——真島さんが、この人上手いな、好きだなっていう方はいますか?

真島：いっぱいいますよ、そりゃ! いっぱいいすぎて、挙げられないくらいいますよ。

——何人か具体的に教えていただけますか？

真島：主にイラストレーターさんですね。西村キヌさんとかも大好きですし、あと山下しゅんやさんとか、碧風羽さんとかね。どうやって塗ってるんだろうっていう、超人みたいな人って、いっぱいいますからね。みんなどれくらい時間かけてるんだろう？　僕は漫画の本編も描いてるので、なかなかイラストだけに時間を使うのが難しいんですよね。

——まずは漫画の原稿を描く事が一番のお仕事ですしね。

真島：そうは言ってもカラーも毎回、点数が多いんで（笑）。まあ、大変ではありますけど、楽しんでやってますよ。

——カラーイラストの中でも、マガジンの表紙や漫画の扉として描くカラーなど、いろいろ種類があると思うんですが、描かれる上で何か違いがあったりしますか？

真島：マガジンの表紙だと、キャラを大きく見せて、なおかつ目線を正面にっていうのが多いですね。この水着のイラストも表紙だったので、なるべく正面に目線がくるように気をつけています。

この絵は未だに気に入ってるんですよね。自分が描いたイラストの中で一番好きな絵を1枚って言ったら、これになるかもしれないです。

——一挙3話掲載の時の表紙なんですね。

真島：この一挙3話掲載っていうのに、どれだけ熱い想いをかけていたのかわかりますね。

——表紙の時は文字で見えないところがありましたが、画集ではばっちり全体を見ていただけます。

真島：表紙として見るのとは印象が変わりますよね。僕いろんな人に、この絵が一番好きなんだって、マガジンの表紙を見せたんですけど、「これ？」って言われるんですよ。表紙で見るとナツとドラゴンの顔しか見えてないから、「一番好きな絵」って言ってもそんなに伝わらないみたいなんですよ。でも1枚の絵で見ると構図的にもかなりよくできたなと、現時点で相当お気に入りの1枚です。たまにあるんですよね「これはよく描けたぞ！」って。

——こっちのちびキャラみたいなのもかわいいですよね。

真島：これはホントにありがたいですよね。マガジンの50周年で表紙を描かせてもらう機会があったっていうのは、ホントに嬉しいです。

——扉絵に関してはいかがですか？

真島：扉絵のような漫画の中の絵っていうのは、あまり気にせず好きなように描いてますね。しっかり絵を入れちゃう事が多いです。

——本当に毎回密度の濃い絵が多いですよね。

真島：そうですね。デザイナーさんがどこにタイトル入れたらいいのか悩むっていう話をききました（笑）。

——人が端に一人いて、あとは背景…みたいな絵って、今まであまりないですよね。

真島：そうですね。そう言えば、今日もカラーを1枚持ってきたんですけど、昨日担当さんに電話して「今回ちょっと時間ないんで、ナツ一人でいいっすか？」ってきいたんですよ。担当さんが「いいよ」って言ったのに、自分で「やっぱイカンな…」と思い直して、結局7人くらい描いて持って来たんです（笑）。

——やはりそこは妥協できないと。

真島：なんかねー、手は抜けないですね。とくにFTは「ギルド」っていうのをテーマにしている漫画なので、やっぱり人がたくさんいる感じが大事になってくるのかなって思ってるんですよ。

——ギルドメンバーの集合写真のようなイラストも描いてらっしゃいますよね。

真島：過去、2、3回描きましたね。7年後の設定になってからやってないんで、またやらなきゃなとは思ってるんですけど。

——やはり、ああいう人物が多いイラストは時間がかかりますか？

真島：かかりますよ。人物一人増えるだけで、全然時間が違いますからね。配色なんかも難しくなりますし。

——最近描かれた絵で、特に気に入っているものはありますか？

真島：いつも一番最新に描いたやつが一番気に入ってるんですよ。

——新しいものほど日々の研究の成果が反映されているからですか？

真島：はい。なので、今日新たに編集さんに渡した絵が一番気に入ってるかもしれないですね。さっきの話の、結局7人描いたってヤツです。今回の画集に収録されている中では、水着の見開きのヤツですか。

これもすんごい時間かかったんですけど、最近描いた絵の中では、かなり気に入ってます。

——みんな水着で、肌の部分も多いですしね。この絵だと色塗りはどれくらいかかっているんですか？

真島：色塗りだけで9時間くらいはかかってると思うんですよね。正確には憶えてないんで、もっとかかってるかもしれないですけど。

——ずっと塗りっぱなしですか？

真島：ちょっと休んだり一服したりはしますけど、色の作業を始めたら他の作業はせず一気にやりますね。見開きのこういう扉絵だと、下絵も2～3時間はかかっちゃうので、色塗りと合計すると12時間。作業時間としては、ほぼ1日分くらいを、カラーにかけてます。

——漫画も描かなければいけないのに、カラーにそれだけかけると、辻褄が合わなくなりそうですが…。

真島：そうなんですよ。辻褄は合わないです（笑）。1週間のうち、だいたい1日はカラーでつぶれる日があるんですよね。

――でもそれだけ時間をかけていても、「途中で飽きたから別の原稿をやろう」とかにはならないんですね。

真島：とりあえず、完成させるまでは飽きないですね。……でもこの絵をよく見ると、背景とか若干飽きてる感じあるな……。改めて見ると、わかりますね（笑）。

――真島さんが描かれる女の子のスタイルというのは、ご自身の理想像だったりするんでしょうか？

真島：どうなんだろう。よく「巨乳好き」って言われるんだけど、その度に「そうじゃないんですよ」っていう同じ答えをしてるんです。基本的にめちゃめちゃ巨乳好きってワケでもなくて、読者の方が喜びそうな体型をイメージして描いている気がします。あと、女性キャラは基本的な背の高さの違いはありますけど、その他のバランスの部分っていうのは、そんなにキャラによって変えてはいないんですよ。たぶん、ルーシィとエルザなんて、顔をすげかえるだけで同じ人になると思います。

――そうなんですか？

真島：なかなかそこまで差をつけるのは難しいですね。久保ミツロウクラスじゃないと難しいです（笑）。あの人はホントすごいっす。

――真島さんは子供の頃、好きな漫画の作品を模写したりされてましたか？

真島：しましたよ。「キン肉マン」の超人をずっと描いてましたね。

――もしかして「筋肉」が好きなルーツは、そこにあるんでしょうか？

真島：そうかもしれないですね。あとは「ドラゴンボール」とかも大好きでしたし。……だからやっぱり筋肉好きなんですね。「ドラゴンボール」も、筋肉あるじゃないですか。

――かっこいいですよね。

真島：そう。あと僕の描く女の子の胸が大きくて太ももが太いのは、ブルマの影響なのかな？とも思いますね。鳥山明さんの女性キャラって、意外と太もも太いですからね。その影響が、かなり強く出てる気がします。

――真島さんは、本格的な絵の勉強とかをされていたりはしたんですか？

真島：いやー、しとけば良かったっすよ。全然勉強もしなかったので、全部自己流なんですよね。今になってしとけばよかったなって思ってます。やっぱり体のデッサンとかは難しいですよね。描けてるようで、ごまかしごまかし描いてますから。パッと見、わからなくても、同業者の人に見せるのは恥ずかしいぐらい、やっぱり至らないですね。

――現状のご自分の絵に満足されていない感じですか？

真島：イヤ、全っ然満足してないです。ただファンの方からはね、「そんな事言わないでくれ」って言われるんですよ。「真島さんの絵、好きなんだから」って。だから、こういう事を言うのは難しいところではあるんですけど。でもやっぱり勉強はまだまだ必要ですよ。体のデッサンもそうだし、あと配色ばかりはね、もうセンスな気がするんですよね。僕も10何年この仕事ばっかりやってるのに、未だにコツがつかめないというか。うーん……難しいっすねー。「これで完璧！」って思えた配色って、ないですもん。だからいつも、自分の中で一定の満足感を得たら完成っていう形ですよね。どうやったらセンスって身に付くんだろうって思うくらい。描いて描いて描きまくるしかないんですかね。

――この先もその探求は続きそうですか？

真島：ホント、一生続くと思うんですよ。最後まで絶対満足しないで終わっていくんだろうなって。でも満足したら、次の絵は描けなくなっちゃうのかもしれない。

――新しい絵を描く時に「前よりいい絵を描きたい」っていうのがモチベーションになるのかもしれないですね。

真島：そうです。だからね、毎回僕、一番最近に描いた絵が一番好きなんですよね。一番上手に見えるんです。でもそれも、本に載る頃になると「ハーッ（恥）!!」って思ってるんですけど（笑）。

――そうなると、今回画集に収録されているFTの1話目の絵なんかは……？

真島：もう、しんどいですよ（笑）。1話目のとかは、しんどいですね。

――FTのファンで、自分も真島さんのように絵が描きたいと思っている方がたくさんいると思うんですけど、最後に何かアドバイスをいただけますでしょうか。

真島：うーん、難しいですね。僕自身も模索中なので……。僕の場合はやっぱり、「描いたものを人に見てほしい」っていう想いが、まずあったと思うんですよね。プロになる前から。プロの漫画家とかでも、若いうちにデビューして、読者の目に晒されて成長するってよく言いますよね。最近は、絵を人に見てもらえる場所って増えてきてると思うんですよ。インターネットを通じて自分のブログで発表したり、画像投稿サイトとかもあって、自分の絵を発表する機会ってすごく増えてきてる。その気になったら、誰でもセミプロだって言い張れますよね。だからやっぱり人に見てもらう事。そして「人に見せたい」っていう絵を描けるようになったらいいんじゃないかなって思います。

――自己満足なだけではない絵という事でしょうか。

真島：うん、そうですね。僕も未だにやっぱり絵を描いたら、誰かに見てもらいたいと思いますし。そのために描いてるっていうのもありますから。そのために、これからも勉強して、どんどんいい絵を描けるようになっていきたいですね。

作品解説

週刊少年マガジン　2012年2・3合併号付録　ポスター

ものすごく時間がかかった一枚です。ルーシィの制服のような服が描きたかっただけなのに‥‥。よく見るとナツとハッピーがおそろいの服です。

……………P.002-003

週刊少年マガジン　2011年21号　表紙

いつもの事だけど、キャラを塗る事に満足して、背景がテキトーに塗られている。今見るとライオンのポーズも変（笑）。

……………P.004

マガジンSPECIAL　2010年12号　表紙

黒いバックに炎って映えると思って描いたものですな。

……………P.005

週刊少年マガジン　2011年51号　第259話扉

なんか知らんけど編集長にほめられた一枚。いつも通り描いたものなんだけどなぁ。背景の仕上げは、けっこう気に入ってる。

……………P.006-007

マガジンSPECIAL　2011年5号　表紙

いつも夏だか冬だかわからない格好をしているFTのキャラですが、これは本当に、わからない。

……………P.008

マガジンSPECIAL　2009年12号　表紙

どこかにも同じ事書いたけど、触ってません（笑）。

……………P.009

週刊少年マガジン　2009年39号　第149話扉

ギルドの風景を描こうとしたけど、FTの内装じゃなくなってしまった。別の酒場に遊びに来たって事で。

……………P.010

週刊少年マガジン　2010年49号　第208話扉

ギルダーツとエルザとミラ（右下）です。当時、S級試験の試験官をしてた三人です。ミラは「誰？」という声が多かった。

……………P.011

週刊少年マガジン 2009年50号　第159話扉

雪が描きたかったから描いた絵のように記憶している。下絵では、フクロウはいなかった気がしますね～。

……………P.012-013

週刊少年マガジン　2012年20号　第279話扉

「夕日にドラゴンのシルエット」ってのがテーマのハズだったんだけど、夕日よりナツの色塗ってる時のほうが楽しかったなぁ。

……………P.014-015

週刊少年マガジン　2006年35号　第1話扉

1話目のカラーですな。恥ずかしいです。

……………P.016-017

週刊少年マガジン　2010年49号　表紙

この絵は気に入っている。ナツもイグニールも背景の処理も、自分なりに、かなり高いレベルで描けたような気がしてます。

……………P.018

週刊少年マガジン　2011年10号　第220話扉

中途半端なサイズのデフォルメに挑戦してみました。この頃からだね。「真島は本当にバニーちゃん好きね」と言われ始めたのは。

……………P.019

週刊少年マガジン　2012年19号　第278話扉

コンセプトは「かわいいルーシィがいっぱい」だったんだけど、ウム‥‥修業不足です‥‥。

……………P.020-021

週刊少年マガジン増刊　2012年　イッキ読み！ FAIRY TAIL　EP3付録　ポスター

このドレスのカラー設定はTVアニメにしか登場しないので、アニメを見ながら塗りました。

……………P.022

週刊少年マガジン増刊　2012年　イッキ読み！ FAIRY TAIL　EP1付録　ポスター

エリゴール戦のナツをイメージして描いたものです。

……………P.023

マガジンSPECIAL　2009年12号付録　ポスター

女子会的なものを描こうとしたものですね。憶えてるかぎりでは「ペインター」というソフトを使った最後のカラーです。

……………P.024-025

マガジンSPECIAL　2010年12号付録　ポストカード

ウェンディがかわいく描けた気がして気に入ってます。

……………P.026

KC14巻　カバー折り返しイラスト

ウエスト細っ!!　なんかバランスが悪いですね。

……………P.026

KC21巻　カバー折り返しイラスト

人気の高いエドラス衣装です。

……………P.026

KC13巻　カバー折り返しイラスト

カバーの折り返しに絵を入れ始めた最初のやつです。

……………P.026

週刊少年マガジン　2008年17号　表紙

少年マガジン50周年の記念イラスト。すごいよね。50年!!　いろんな人につっこまれたけど、エルザがカナを踏んでます。

……………P.027

週刊少年マガジン　2011年21号　第231話扉

アイドルのコンサートをイメージしてみたのですが、勉強不足の為こんな絵に‥‥（泣）。ちなみに女子の服は虹色になっています。

……………P.028-029

週刊少年マガジン増刊　2012年　イッキ読み！ FAIRY TAIL　EP2付録　ポスター

絶対氷結（アイスドシェル）を使う場面の絵ですね。グレイのピンの絵は珍しいかもしれない。

……………P.030

週刊少年マガジン増刊　2012年　イッキ読み！ FAIRY TAIL　EP5付録　ポスター

本当に時間が無い中描いた記憶しか残ってない。

……………P.031

週刊少年マガジン　2011年50号　第258話扉

映画化発表!!　の回の扉絵の為、みんな映画のパロディをテーマに描いてます。ガジルが予想以上に渋くなって気に入ってます。

……………P.032-033

週刊少年マガジン　2009年17号　128話扉

エルザのジャケットとナツのブーツが描きたかっただけの絵の気がする。

……………P.034

マガジン SPECIAL 2009年12号
「ようこそ フェアリーヒルズ!!」扉

うーん。時間がなかったんだろうな。背景とか手抜きすぎて、描き直したくなる。

……P.055

講談社ラノベ文庫
「FAIRY TAIL 心に宿る color」ピンナップ

この格好でパンツが見えてないのはおかしい気もするけど、気にしな〜い。思った以上にかわいらしく描けた気がします。

……P.050-051

週刊少年マガジン 2008年27号 第89話扉

あまり描いた記憶がない。完全に忘れてる。いつ描いたんだ?(汗)

……P.043

週刊少年マガジン 2009年39号 表紙

赤!! 予定ではもう少し渋くなるハズだったんだけど‥‥。修業あるのみっ!!

……P.035

週刊少年マガジン増刊 2012年
イッキ読み! FAIRY TAIL EP4付録 ポスター

スタッフの間でも評判のいい一枚。これ、フィギュア化したらかっこいい気がするんだけどな。

……P.056

TV アニメ
第6期 OP テーマ「Fiesta」/ ED テーマ「Be As One」CD 初回生産分限定封入特典
ヴァイスシュヴァルツ PR カード

ブシロードさんのカード描き下ろし。あらかじめポーズや衣装の指定がありました。

……P.052

月刊少年ライバル 2009年11号付録 ポスター

これはひどい手抜き(笑)。後ろのイグニールは、どこかで一度使ったものの線画ですな。

……P.044-045

講談社ラノベ文庫
「FAIRY TAIL 心に宿る color」カバーイラスト

小説のカバーイラストです。シンプルながら、けっこう気に入ってます。

……P.036

PSP 用ゲームソフト
「FAIRY TAIL ゼレフ覚醒」イラスト

ジェラールのピンイラストは本当にレアですね。そのわりには、超短時間で描き上げたものです。

……P.057

ナツ:
ヴァイスシュヴァルツ「FAIRY TAIL」
ブースターパック
ルーシィ:
ヴァイスシュヴァルツ「FAIRY TAIL」
ブースターパック
ウェンディ:
ヴァイスシュヴァルツ「FAIRY TAIL」
エクストラブースター

PSP 用ゲームソフト
「FAIRY TAIL ゼレフ覚醒」イラスト

ゲーム中でしか見れないレアな絵です。

……P.046

KC16巻限定版付録 週刊ソーサラー表紙

ギルドという設定上、大人数の絵はたまに描かねば、と思っているのですが、人が増えるほどに描くのが大変になるのです。

……P.037

KC16巻限定版付録 週刊ソーサラー グラビア

セクシーなヒップラインを描きたかったんだろうけど、まだ修業不足ですね。

……P.058

マガジン SPECIAL 2009年7号 表紙

ちょっと厚塗りっぽい事に挑戦しているが、できてないビックリの一枚。修業!!

……P.047

週刊少年マガジン 2012年33号 第291話扉

時間がかかったけど、描くのがすごく楽しかった一枚! ルーシィのおなかの色の具合が何回塗っても納得できず、3時間もおなかを塗っていた記憶が‥‥。

……P.038-039

週刊少年マガジン 2007年50号付録 ポスター

何頭身あるんだよっ!! ってくらい体がでかくなりすぎた。スタイルをよくしようと試行錯誤した結果がコレとは!!

……P.059

マガジン SPECIAL 2010年5号付録
ジグソーパズル

全体的な色味がすごく気に入ってます。これ以降、同じような色味にしたくてもなかなか再現ができないのです。

……P.053

Mobage「FAIRY TAIL」カードイラスト

タイトーさんのソーシャルゲーム用に描きおろした数点。全キャラ、タイトーさんにも内緒で、水色の「T」の文字(TAITO の T)が入ってます。

……P.048

週刊少年マガジン 2012年10号 第269話扉

最近描いた中では一番大変だったカラー。キャラの多さもあるんだけど、これを描いてる時点で色設定が決まってないキャラが多かったのです。

……P.040-041

KC16巻限定版付録 週刊ソーサラー グラビア

古い絵にしては気に入ってます。今見ると、もう少し照り返しの光がエルザに当たっていてもよかったかな。

……P.060

KC16巻限定版付録 週刊ソーサラー グラビア

らくがきのつもりで描いたものですね。

……P.054

週刊少年マガジン 2007年50号 第63話扉

時間がかかった記憶しか残ってません。

……P.042

週刊少年マガジン 2007年7号
袋とじ漫画「海辺の妖精たち」扉

ロゴで隠れちゃうから‥‥。と、ルーシィのつかんでる葉をテキトーに描いてしまった事が、くやまれる。

……P.061

週刊少年マガジン 2009年34号 グラビア

マガジンの企画で描いたもの。ポーズと衣装が決められてました。

……P.054

週刊少年マガジン 2011年18号 表紙

お姫様っぽいルーシィを描きたかったハズなのに‥‥。

……P.049

週刊少年マガジン増刊 2009年マガジンドラゴン
番外編「X778 ナツとドラゴンの卵」扉

もう少し水彩画っぽく仕上げる予定だったんだけど‥‥。

……P.042

KC21巻　カバーイラスト
もっと ねばれば よかったかな。
……P.068

KC7巻　カバーイラスト
ジュビアが今とは別人だね。
……P.066

KC2巻　カバーイラスト
もう少しギルドを、ひきで入れたかったんです。本当は。
……P.065

週刊少年マガジン　2008年17号　第80話扉
この角度の足って描くの難しい‥と思った一枚。
……P.061

KC5巻　カバーイラスト
タウロスが邪魔だな～（笑）。
……P.068

KC14巻　カバーイラスト
ペイントソフトを変えて初のカラーだったかな。
……P.066

KC10巻　カバーイラスト
ルーシィのギルドマーク描き忘れるとか‥‥（汗）。
……P.065

週刊少年マガジン　2008年39号　表紙
何かの記念。前にもどっかで書いたけど、何の記念かは憶えてないんですよね（笑）。
……P.061

KC19巻　カバーイラスト
イグニールが、かっこよく描けたと思います！
……P.068

KC9巻　カバーイラスト
背景がかわいく仕上がって気に入ってます。
……P.066

KC11巻　カバーイラスト
きっとこんな動物が描きたかったのでしょう。
……P.065

KC16巻限定版付録　週刊ソーサラー　グラビア
水ですけてるYシャツというものに挑戦したかったんだと思う。うまくいってるかはさておき、絵としては好きですね。
……P.062

KC17巻　カバーイラスト／KC18巻　カバーイラスト
珍しく2巻続きの絵。一応、並び順には意味があります。
……P.068

KC16巻　カバーイラスト
背景をPCにたよりすぎてる点が、くやまれる！
……P.066

KC15巻　カバーイラスト
ラクサスがマッチョすぎっ‼
……P.065

PSP用ゲームソフト「FAIRY TAIL ゼレフ覚醒」イラスト
珍しく、イケメンが描けた！　と思えた一枚。牛がらのベルトは僕の持ってる実物を参考にしたんだけど、他にも描いてるかもしれない。
……P.063

KC31巻　カバーイラスト
フロッシュって、こんな色してたんだ～。と知人に言われた絵。
……P.068

KC13巻　カバーイラスト
人を並べただけの構図。う～ん、勉強あるのみ。
……P.066

KC8巻　カバーイラスト
これは描き直したい（笑）。
……P.066

KC29巻　カバーイラスト
かなりお気に入りの一枚。なんといっても、みんな表情がよく描けたと思う。
……P.064

KC26巻　カバーイラスト
貴重な、悪魔の心臓（グリモアハート）全員集合の絵。
……P.068

KC3巻　カバーイラスト
ナツがビックリするくらい目立たない事に‥‥。
……P.066

KC1巻　カバーイラスト
記念すべき1巻の絵。
……P.066

KC33巻　カバーイラスト
服の質感を研究してる時の絵ですね。ルーシィの服の感じとか、わりと気に入ってる。
……P.065

KC30巻　カバーイラスト
祝30巻という事でいつもと違う感じを狙いました。
……P.068

KC23巻　カバーイラスト
ドロマ・アニムの色つけんの大変だったなー。手前の三人はかっこよくて好き！
……P.067

KC6巻　カバーイラスト
大変だったのを思い出します。この頃まだ全員の色設定決まってなかったんです。
……P.066

KC4巻　カバーイラスト
ナツが変なポーズだね。無駄の多い構図だなぁ。
……P.065

KC17巻　カバー折り返しイラスト

憶えてない絵だね。

……………………P.077

KC18巻　カバー折り返しイラスト

人気の高い星霊服。確かにかわいい。

……………………P.077

KC31巻　カバー折り返しイラスト

7年後ver.のデフォルト服。てか‥‥チチ‥‥。

……………………P.077

KC22巻　カバー折り返しイラスト

エドラスの水着。デザインは好きかも。

……………………P.077

KC20巻　カバー折り返しイラスト

ケット・シェルターの服。ふむ‥‥。

……………………P.077

KC26巻　カバー折り返しイラスト

天狼島の服。ボロボロだったけど。

……………………P.077

KC31巻特装版　カバー折り返しイラスト

またバニーちゃんか!? と、つっこまれても描きますよ。

……………………P.077

PSP用ゲームソフト「FAIRY TAIL ゼレフ覚醒」イラスト

ちょっとかっこいいふうのナツを描こうと思ったら、こんな事に。

……………………P.075

KC27巻　カバー折り返しイラスト

これはあまり憶えてないなぁ。

……………………P.076

KC32巻　カバー折り返しイラスト

7年後ver.の鎧。肩の部分が難しいんだよ。

……………………P.076

KC27巻特装版　カバー折り返しイラスト

妖精学園の制服、けっこう似合ってる。

……………………P.076

KC23巻　カバー折り返しイラスト

描くのがめんどくさい鎧トップ3に入るね。

……………………P.076

KC16巻　カバー折り返しイラスト

この鎧のデザインはけっこー気に入ってます！

……………………P.076

KC25巻　カバー折り返しイラスト

何だろう？　この鎧のデザイン。ゴメンとしか‥‥。

……………………P.076

KC22巻　カバーイラスト

ガジルの私服は珍しいですね。

……………………P.069

週刊少年マガジン　2011年32号　表紙

なかなか華やかでよいのではないでしょうか。

……………………P.070

マガジンSPECIAL　2010年12号付録 ポストカード

また水着か!?　上手いか下手かはおいといて、水着を描くのは好きかもしれない。

……………………P.071

CD「FAIRY TAIL」ORIGINAL SOUNDTRACK VOL.3　ジャケットイラスト

仕上がりのイメージはもう少しカラフルになるハズだったんですが、配色って難しいね。

……………………P.072

CD「FAIRY TAIL」ORIGINAL SOUNDTRACK VOL.1　ジャケットイラスト

オーダー通りに描いた絵の中ではすごく気に入ってます。背景はめっちゃ大変でした。

……………………P.073

CD「FAIRY TAIL」ORIGINAL SOUNDTRACK VOL.2　ジャケットイラスト

もう少し時間があれば‥‥！　と思った一枚。オーダー通りに描いたんだけど、構図は変えるべきだったかな。

……………………P.073

週刊少年マガジン　2010年9号　第169話扉

ウェンディの表情が好きだなぁ。一番手前にいるのに目立ってないシャルルもいいなぁ。

……………………P.074

KC25巻　カバーイラスト

ゼレフにちゃんと色つければよかったかな。

……………………P.069

KC20巻　カバーイラスト

ギルダーツが見切れすぎ（笑）。

……………………P.069

KC32巻　カバーイラスト

時間がなかった。もう少し構図に凝りたかった。

……………………P.069

KC27巻　カバーイラスト

カプリコーンいたんだぁ。という意見が多数。

……………………P.069

KC12巻　カバーイラスト

エルザのおなかがエロイ。

……………………P.069

KC24巻　カバーイラスト

僕の周りで評判のいい一枚。個人的にはカナがかわいく描けてよかった。

……………………P.069

KC28巻　カバーイラスト

ちょっとガチャガチャしすぎたかもしれない。

……………………P.069

週刊少年マガジン　2009年45号　表紙

またこういう集合絵も描きたいですね。時間があれば！

……………………P.092

PSP用ゲームソフト「FAIRY TAIL ゼレフ覚醒」イラスト

似たような絵を描いたのに、また描いちゃった的な一枚。

……………………P.086

マガジンSPECIAL　2011年11号　グラビア

いろんな人にエロすぎると言われた一枚。小さい子供も読んでるんだよって事を完全に忘れて描いてますね。

……………………P.082

KC24巻　カバー折り返しイラスト

それにしてもルーシィは肌色ばっかだな（汗）。

……………………P.077

KC16巻限定版付録 週刊ソーサラー　本文イラスト

ちょっと空間がもったいないですね。もっと散らせばよかった。

……………………P.087

マガジンSPECIAL　2011年11号　グラビア

すごく気に入っているんだけど、後ろのクジラの上にいる人（？）に色つけるの忘れてる（笑）。

……………………P.083

KC28巻　カバー折り返しイラスト

星霊の服、天狼島ver.。ヒラヒラいっぱい。

……………………P.077

マガジンSPECIAL　2011年11号　グラビア

なぜサルをいっぱい描いたのか、どうしても思い出せない。

……………………P.087

PSP用ゲームソフト「FAIRY TAIL ゼレフ覚醒」イラスト

ちょっと、おムネを大きく描きすぎたかもしれない。

……………………P.084

週刊少年マガジン　2011年35号　第244話扉

とにかく時間がかかった絵ですね。そのわりにはあまり満足していない一枚。いろんな塗り方を模索している感じがする。

……………P.078-079

マガジンSPECIAL　2011年11号 応募者全員サービス　ポストカード

二人の7年後の設定は決まっていたのですが、この絵を描いてる時、本編ではまだ敵でしたね。

……………………P.087

PSP用ゲームソフト「FAIRY TAIL ゼレフ覚醒」イラスト

このポーズ、何回も描き直したなぁ。

……………………P.084

マガジンSPECIAL　2011年11号　グラビア

楽しんで描いた絵ですね。2列目以降のキャラの下半身がうつってないのは完成してから気づいた。

……………………P.080

「劇場版FAIRY TAIL -鳳凰の巫女-」前売り券特典ブックレット　表紙

ナツやルーシィを、空いてるスペースにおいてみた感がある（笑）。

……………………P.088

PSP用ゲームソフト「FAIRY TAIL ゼレフ覚醒」イラスト

水着のつもりが、なんか変な服に。

……………………P.084

マガジンSPECIAL　2011年11号　グラビア

こーゆーポーズのカナが描きたかったんだと思う。リリーのサングラスを何度も描き直した記憶があります。

……………………P.081

週刊少年マガジン　2012年19号　表紙

主人公の目線がきてないマガジンの表紙はすごく珍しいと思う。よく、こんな絵が通ったな‥と思うけど、すごく気に入っています。

……………………P.089

PSP用ゲームソフト「FAIRY TAIL ゼレフ覚醒」イラスト

背中の質感がうまく出せなくて苦労したなぁ。

……………………P.084

マガジンSPECIAL　2011年11号　グラビア

背景のデザインも僕がやってます。

……………………P.081

「劇場版FAIRY TAIL -鳳凰の巫女-」第一キービジュアル

この絵に関しては特に何も言いません。見た人が感じてくれたものが全てです。

……………P.090-091

マガジンSPECIAL　2011年11号 応募者全員サービス　ポストカード

僕の絵で堂々とパンツ見せてる絵はかなり珍しい気がする。てか、この絵気に入ってはいるけど、マニアックすぎるな。

……………………P.085

マガジンSPECIAL　2011年11号 応募者全員サービス　ポストカード

もう二度とないかもしれない2ショット。

……………………P.081

あとがき

イラスト集を出すのは昔からの夢だったので、とても嬉しいです。だけどその反面、過去の作品を見てると修業不足による恥ずかしさもあります。僕はまだまだカラーについて勉強中の身で、イラスト集なんておこがましいのかもしれませんが、自分への戒めもふくめて発表しようじゃないか！ となった次第であります。
僕が最初にカラーを塗った時の事なんて覚えていませんが、学生時代は色鉛筆や絵の具を使ってました。やがてコピックに出会い、デジタルに出会ったのです。デジタルを批判する作家も多いようですが、僕はデジタルペイントというものに、まだ更なる可能性を感じています。とはいえ、僕はアナログでの色塗りも好きで、未だに、らくがきなどではコピックが大活躍しています。デジタルペイントでは以前は「Painter6」というソフトを使っていたのですが、「Painter7」以降、今までのようなカラーが描けなくなってしまい、思い切って「Photoshop CS4」というソフトに変えてみました。今は最近流行のSAIというソフトを使ってみたいのですが、うちのPCはMacのため、使用できません（泣）。パソコン変えてまで使ってみようとも思っているのですが、今のPCに今までのカラーの全データがはいっているので、バックアップやらなんやらが、すごくめんどくさいのです。Mac版出ないのかな？
カラー原稿にはモノクロ原稿とは違ったセンスが必要だと思うのです。配色をはじめ、陰影のバランス、全体的なトーン。本当に難しいです。どうやら僕はカラーのセンスがイマイチのようで、毎回四苦八苦しながらカラーを描いています。僕の場合、周りに教えてくれる人がいなかったため、全て独学でカラーの勉強をしています。今でも上手なイラストレーターさんなどに色の塗り方を教えてもらいたいくらいです（笑）。
そんな僕の初のイラスト集なわけですが、どれも頭をかかえながら一生懸命描いた作品です。（中には違うのもあるけど）なんだかんだいって、楽しんで描いた作品ばかりです。皆さんも楽しんでくれたら嬉しいです。

FANTASIA
ファンタジア

-FAIRY TAIL ILLUSTRATIONS-
フェアリー テイル イラストレーションズ

2012年8月17日 第1刷発行(定価はカバーに表示してあります)
2012年9月5日 第2刷発行

著者
真島ヒロ

発行者
清水保雅

発行所
株式会社 講談社
〒112-8001 東京都文京区音羽2-12-21
電話 編集部 (03)5395-3459
販売部 (03)5395-3608
業務部 (03)5395-3603

印刷所
大日本印刷株式会社

製本所
大日本印刷株式会社

装丁
G×complex

この本を読んだご意見・ご感想をお寄せいただければうれしく思います。なお、お送りいただいたお手紙・おハガキは、ご記入いただいた個人情報を含めて著者にお渡しすることがありますので、あらかじめご了解のうえ、お送りください。

〈あて先〉〒112-8001 東京都文京区音羽2-12-21
週刊少年マガジン編集部「FT画集」係

落丁本・乱丁本は購入書店名をご記入のうえ、小社業務部宛にお送りください。送料小社負担にてお取り替えいたします。この本についてのお問い合わせは週刊少年マガジン編集部宛にお願いいたします。

N.D.C.726 111p 30cm
ISBN978-4-06-364896-6
Printed in Japan